パクチーを日々の食卓に

本書は、2017年10月発行「NHKまる得マガジン パクチー! パクチー! パクチー!」テキストをもとに再構成し、加筆したものです。放送テキストではありません。

まる
プチ

MARU
PETIT

PHAKCHI

もっともっと
ふだんづかい

パクチー
まるごとレシピ

エダジュン

NHKまる得マガジンプチ

INTRODUCTION

みなさんは、パクチーはお好きですか？

僕がパクチーに出会ったのは20歳のころ。タイ料理店でトムヤムクンか何かにパクチーが入っていたのを食べて、初めて知る味に「おいしい！　おもしろい！」と驚いたのが最初です。

本格的に興味を持ったのは28歳のとき、ベトナムを1か月間旅したのがきっかけでした。ベトナムはパクチーに限らずさまざまな香草を食べる文化のある国で、「何だ、この草は？」という出会いがたくさんありました。日本のエスニック料理店で食べるパクチーはトッピング食材という印象でしたが、ベトナムでは使い方も多彩。とくにソースとしてのいろいろな使い方や、辛いもの、酸っぱいものなどさまざまな味と混ぜ合わせる料理がとても新鮮でした。

数年前に起こったブームを経て、日本でもすっかり定番食材となったパクチー。おかげで生産量も増え、スーパーなどでも入手しやすくなりました。僕が主宰している料理教室にも、今やパクチー好きの方がたくさん参加してくれます。みなさんが一様に驚かれるのが、パクチー料理のバリエーションの豊富さ。そう、パクチーは葉だけでなく、茎も根も種も使えて、しかも和、洋、中いろいろなジャンルの料理とも相性抜群。炒めたり揚げたり、混ぜ込んだりと調理法もさまざまに味わえます。

本書でもエスニックから和食、洋食、サラダ、おつまみ……とパクチーを丸ごと使ったレシピを多数紹介しています。パクチー好きの方はもちろん、そうでない方にも、「のせるだけ」ではないパクチーの魅力を存分に知っていただき、そのおいしさをとことん堪能していただけたら、大変うれしく思います。

パクチーボーイ　**エダジュン**

CONTENTS

◎本書で使用している計量カップは200mℓ、
計量スプーンは大さじ15mℓ、小さじ5mℓです。
1mℓ＝1ccです。

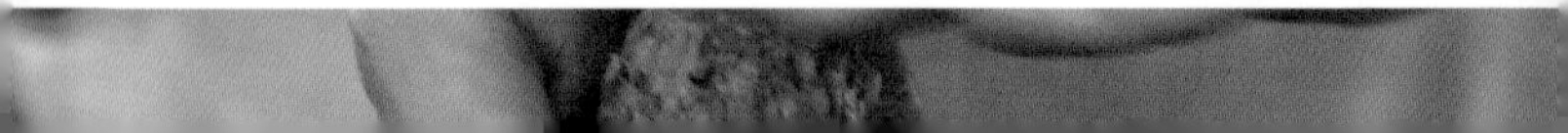

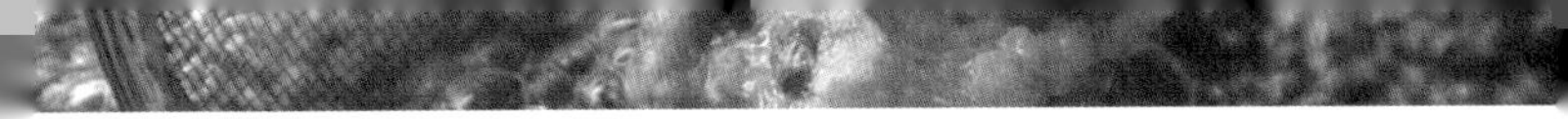

◎本文中で表示した電子レンジの調理時間は600Wのものです。
500Wの場合は約1.2倍、700Wの場合は約0.8倍にしてください。
◎本書で使用しているパクチー1株は、9〜10gを基準としています（根、茎、葉、すべてを含む）。

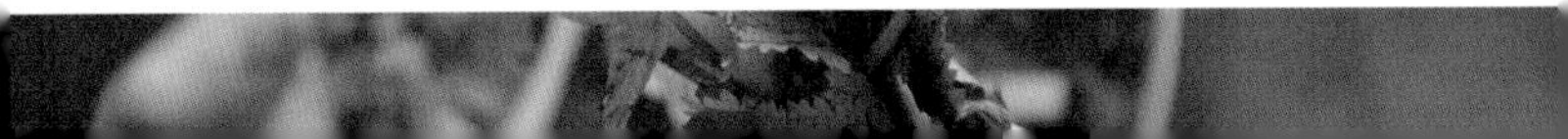

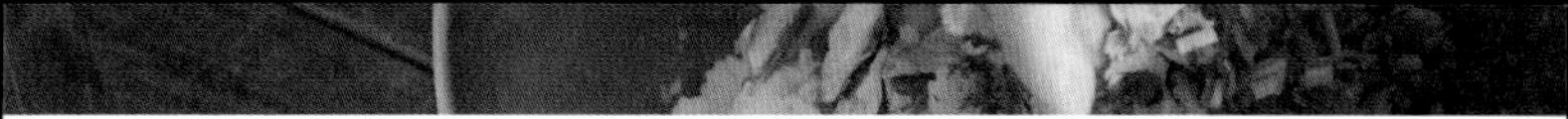

COLUMN 教えてパクチーボーイ！ PHAKCHI Q&A

COLUMN 僕のPHAKCHI HISTORY

もっともっとパクチー

知ってる？
パクチー

パクチーとは何者？

野菜（香草）です！

セリ科の、一年草のハーブです。
独特の香りでよく知られています！
原産地は地中海沿岸などとされています。

世界中で食べられています

ベトナムではミントなど、ほかの香草と合わせ、麺にトッピングするのがポピュラー。カンボジアでは鍋料理に添えられ、長さ1m、直径4㎝ほどのパクチーが出てくることもあるそう。インドのカレーのスパイスとしても、パクチーの種（コリアンダーシード）が欠かせません。

栽培歴は3500年以上！

古代エジプトで3500年以上前から栽培されていたとされ、古代ギリシャでは医薬品として使われていたことがわかっています。アラブ文学の古典『千夜一夜物語』には、媚薬《びやく》として描かれています。

世界でいろいろ、「パクチー」の名称

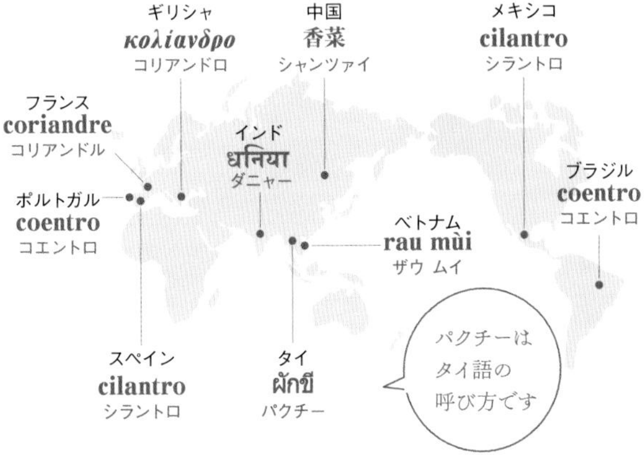

知ってる？
パクチー

パクチー解体新書

パクチーは葉や茎はもちろん、根も種もおいしい！
部位によって味や香りも異なります。

＊正確には「葉柄《ようへい》」と言われる部分も、本書のレシピでは便宜上、「茎」としています。

葉　サラダや薬味に生でたっぷりと

緑色が濃く、色鮮やかなものが新鮮で香りも高くなります。香り成分が多く含まれているのは葉脈の部分で、かむたびに香りが広がっていきます。柔らかな食感を生かしてサラダやあえ物、麺料理の薬味、肉料理や魚料理のトッピングなどに使うのがおすすめ。

茎　加熱しても、香りキープ

筋に沿って切り目を入れると、独特の香りがより引き出されます。かんだときのみずみずしさ、爽快な風味を生かして生で食べるほか、加熱しても香りが損なわれないので、おひたしや炒め物にも。

根　火を通すと、いものようにホクホク

葉や茎と比べて、根には香り成分が多く含まれています。少々甘みのある風味が特徴で、太いものがとくに美味。細かく刻んで炒めたり、スープのだしに使ったり、根菜のように丸ごと調理しても。

種　優しく爽やかな香り

実を乾燥させたものがコリアンダーシード。葉や茎とは異なる、爽やかな香りが特徴です。肉料理の下味やピクルス液に加えたりと、さまざまな料理の香りづけに。家庭で育てれば、カリッとした食感が楽しい、緑色の若い実も味わえます。

知ってる？
パクチー

パクチーを
おいしく食べるコツ

ごく簡単なひと手間で、
おいしさをワンランクアップさせちゃいましょう。

コツ
1. 水に浸してシャキッと

張りのある食感もおいしさのうち。調理するまで根を水に浸しておくと、シャキシャキ感を保てます。

しおれ気味なとき、
よみがえらせる
方法としても
おすすめ！

コツ 2. 切り込みを入れて香りアップ

サラダにするとき、みじん切りにするときなど、茎の筋に沿って縦に切ると、独特の青い香りが引き出されます。

コツ 3. 根の香りを油に移そう

特有の香りたっぷりの根。にんにくなど香味野菜の感覚で使えます。油でじっくりと炒めて香りを十分に引き出して、油の香りづけも。

パクチーを
おいしく保存するコツ

できるだけ、鮮度をキープ！
使い切れなかったときの、ちょっとしたテクニック。

コツ 1. 水に浸す

切らずに収められる容量の保存容器に水を浅く張り、根を浸して冷蔵庫へ。翌日に、ひっくり返して反対側も浸す。1～2日間保存可能。

コツ

2. 湿らせたペーパーでくるむ

水で湿らせたペーパータオルでパクチー全体を覆い、さらにジッパー付き保存袋に入れて冷蔵庫へ。3～4日間保存可能。

コツ

3. 根は冷凍

根が余るときは、だし用としてラップをして冷凍庫へ。使用時は解凍せずに煮汁やスープなどに加える。2～3週間保存可能。

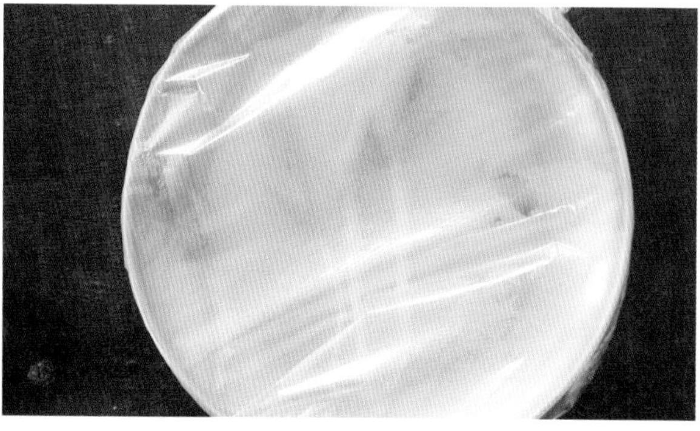

教えて
パクチー
ボーイ!

PHAKCHI

Q & A

NO. 01

Q. パクチーのフレッシュな香りを生かすには?

ANSWER

葉は食べる直前に軽くちぎろう!

火を通してしまうと、香りや風味がマイルドになるので、新鮮なパクチーが手に入ったら、まずは生で食べることをおすすめします。

いかにもパクチーといった独特な葉の香り、鼻に抜ける爽快感、かんだときの優しい感触。そして茎のシャキシャキした絶妙な歯ごたえ、口に広がるみずみずしさをぜひ味わってほしいです。

葉は葉脈をちぎると、よりフレッシュな香りがたちやすくなります。サラダやトッピングなどに使う場合は、「食べる直前」に軽くちぎるとよいでしょう。茎は筋に沿って切り目を入れると、より香りが引き出されますよ(15ページ)。

ちなみに僕の料理教室では、まず葉、茎、根を先に分けます。部位ごとに最適な調理方法や使い方が違うからです。葉や茎を分けておけば、ちぎったり切り目を入れたりする作業も、サッとスムーズにできます。

MENU 01

サラダ

まずはたっぷりと生パクチーを入れたサラダを。パクチーの風味を存分に楽しめます。メキシコ風や中国風はもちろん、洋風サラダもおすすめ。いつもとひと味違う魅力です。

蒸し鶏添え

パクチーと松の実の中国風サラダ

RECIPE

材料（2〜3人分）

蒸し鶏
- 鶏むね肉 … 1枚（300g）
- 塩 … 小さじ½
- 水 … 約カップ10
  （鶏肉が完全にかぶる量）

パクチー（茎・葉）… 2株分
水菜 … 1束（200g）
ねぎ … 30g
松の実 … 小さじ2
ごま油 … 大さじ1

A
- 酢 … 大さじ2
- しょうゆ … 小さじ2
- 紹興酒 … 小さじ2
- 白ごま … 小さじ2
- にんにく（すりおろす）
  …（小）1かけ（6g）

ⓐ

アツアツのままボウルへ。生野菜に軽く熱を加え、少ししんなりさせます。

作り方

1. 蒸し鶏を作る。鶏肉は皮を除き、表面に塩をもみ込む。鍋に分量の水を煮立て、鶏肉を入れてふたをし、火を止める。そのまま冷めるまでおいて余熱で火を通す。鍋から取り出して7〜8㎜厚さのそぎ切りにする。

2. パクチー、水菜は3㎝長さに切る。ねぎは白髪ねぎにし、水に10分間ほどさらして水けをきる。以上をボウルで合わせる。

3. フライパンにごま油を弱火で熱し、松の実を入れて表面がきつね色になるまでいる。熱いうちに油ごと**2**に加えるⓐ。Aを合わせて小さじ2ほどを取り分け、残りをボウルに加えてあえる。器に盛り、**1**を添え、取り分けたAをかける。

◎好みでしょうがのせん切り適量を一緒にあえても。

いろいろ香味サラダと
蒸し鶏の盛り合わせ。
ごま油で香味を
さらにプラス。

メキシコ風パクチー牛サラダ

RECIPE

材料（2〜3人分）

牛肉（しゃぶしゃぶ用）… 150g
パクチー（茎・葉）… 2株分
アボカド … 1コ（正味80g）
トマト … 1コ（100g）
きゅうり … 1本（100g）
レッドキドニー
（水煮または蒸し煮／缶詰）
…（正味）50g
ひよこ豆
（水煮または蒸し煮／缶詰）
…（正味）50g
A
レモン汁 … 大さじ2
オリーブ油 … 大さじ2
チリパウダー
… 大さじ1〜2
にんにく（みじん切り）
…（小）2かけ（12g）
塩 … 小さじ¼
黒こしょう（粗びき）… 少々

作り方

1. パクチーは2cm長さに切る。アボカドは縦半割りにして種を除き、皮をむいて1cm角に切る。トマト、きゅうりはヘタを取って1cm角に切る。

2. 鍋にたっぷりの湯を沸かし、牛肉を1枚ずつ、やや赤みが残る程度にサッとゆで、氷水にとるⓐ。ざるに上げて水けをきる。

3. ボウルに**1**、**2**、レッドキドニー、ひよこ豆を入れてざっとあえる。Aを合わせて加え、全体にからめる。

ⓐ

牛肉のうまみを逃さず、柔らかさを保つため、菜箸で1枚ずつ、泳がせるようにしてサッとゆでたら、すぐに氷水へ。

チリパウダーで
キリリと引き締めた、
南国テイストの
ボリュームサラダ。

パクチーコールスロー

パクチー、ディル、
ヨーグルトを合わせて、
清涼感のある味わいに。

RECIPE

材料（作りやすい分量）

キャベツ … 400g
パクチー（茎・葉）… 2株分
ディル … 2枝

A
- 砂糖 … 小さじ2
- 塩 … 小さじ¼

B
- マヨネーズ … 大さじ1½
- プレーンヨーグルト（無糖）… 小さじ2
- レモン汁 … 小さじ1
- 黒こしょう（粗びき）… 少々

作り方

1. キャベツはせん切りにし、Aとともにボウルに入れてもみ込む。出た水けはきる。

2. パクチーは5㎜長さに切る。ディルは太い軸を除いて食べやすい長さに切る。

3. **1**のボウルに**2**、Bを合わせて加え、よくあえる。

パクチーの キャロットラペ

RECIPE

材料（作りやすい分量）

にんじん … 2本（300g）
パクチー（茎・葉）… 2株分
桜えび（乾）… 大さじ3
ピーナツ … 15g
塩 … 小さじ¼
A
- ナムプラー … 大さじ2
- レモン汁 … 大さじ1
- りんご酢 … 大さじ1
- きび糖 … 大さじ1
- スイートチリソース（市販）… 小さじ2

作り方

1. にんじんは食べやすい長さのせん切りにする。パクチーは1cm長さに切る。ピーナツは粗めに砕く。
2. ボウルににんじん、塩を入れてよくもみ込む。しんなりしたらパクチー、ピーナツ、桜えびを加える。さらにAを合わせて加え、よくあえる。

MENU 01 ー サラダ

パクチー明太ポテトサラダ

まろやかなじゃがいもと
パクチーの相性は抜群。
ポテトサラダが大変身！

RECIPE

材料（作りやすい分量）

じゃがいも … 3コ（300g）
パクチー（茎・葉）… 2株分
酢 … 小さじ1
A ｜明太子 … 50g
｜マヨネーズ … 大さじ2
｜牛乳 … 大さじ1
｜しょうゆ … 小さじ1

作り方

1. パクチーは粗いみじん切りにする。明太子は皮に切り目を入れ、身を取り出してほぐす。じゃがいもは皮をむいて芽を取り除く。

2. 鍋にたっぷりの水を入れて塩少々（分量外）を加え、じゃがいもを入れて弱火でゆでる。竹串がスッと通ったらざるに上げてゆで汁を捨てる。

3. 鍋にじゃがいもを戻し入れ、中火にかけて軽く揺する。粉ふき状になったら火を止め、温かいうちに酢を回しかけ、ボウルに移して木べらでつぶす。粗熱がとれたら、合わせたAとパクチーを加えてあえる。

PHAKCHI
Q & A
NO. 02

Q. パクチーと相性のよい、意外な食材はありますか?

ANSWER

クセのある食材とどうぞ!

僕が好きなのは、パクチー×春菊、パクチー×クレソンなど、クセのある野菜との組み合わせ。一見、クセの強い野菜相手だとケンカしそうなイメージがありますが、これが意外と相性抜群! 香りが強いもの・味が強いものどうしを合わせるときは、フレッシュなサラダにして香りを楽しみながら食べるのがおすすめです。

また、ゴーヤーなど苦みのある野菜をパクチーと合わせるのもおいしいですよ。塩もみしたゴーヤーに、パクチーの葉と茎を合わせてポン酢しょうゆをかけるだけ。簡単なのでぜひ作っていただきたい一品です。

あと、パクチーはフルーツとも好相性です。マスカット(34ページ)のほか、いちごやパイナップル、グレープフルーツ、いちじくなどともよく合います。

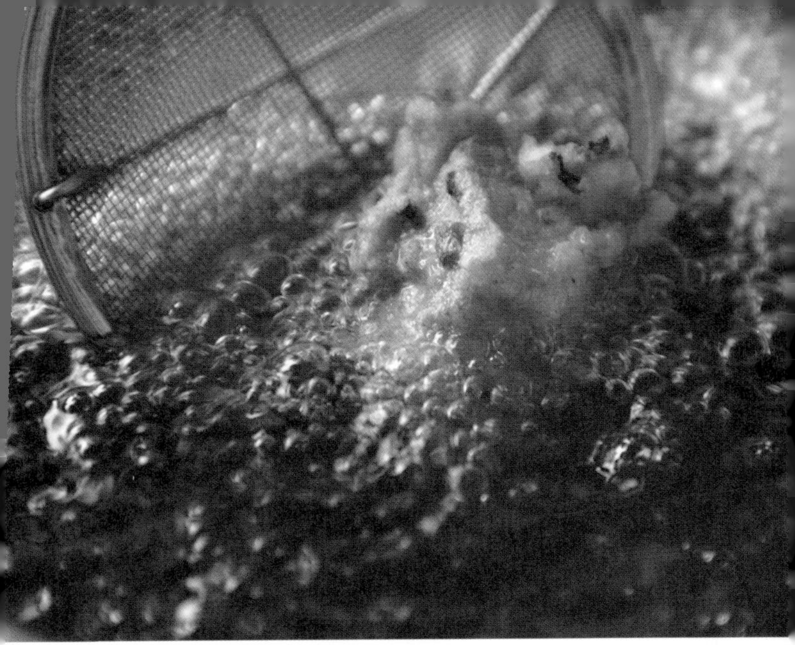

MENU 02

おつまみ・前菜

パクチーの香りたつ料理は、お酒とともにゆるりと楽しむのにぴったり！
ビールにしっくり合うおつまみから、冷えた白ワインのおともにもなる、しゃれたオードブル風まで。

砂肝とパクチーのゆずこしょうあえ

RECIPE

材料（2人分）

鶏砂肝 … 200g
パクチー（茎・葉）… 2株分
紫たまねぎ … ¼コ（50g）
にんにく（みじん切り）
…（小）1かけ（6g）
しょうが（せん切り）
…（小）1かけ（6g）
ごま油 … 小さじ2
紹興酒（または酒）
… 小さじ2
しょうゆ … 小さじ2
A｜ごま油 … 小さじ2
｜しょうゆ … 小さじ2
｜レモン汁 … 小さじ1
｜ゆずこしょう … 小さじ½
粉とうがらし … 適量

ⓐ
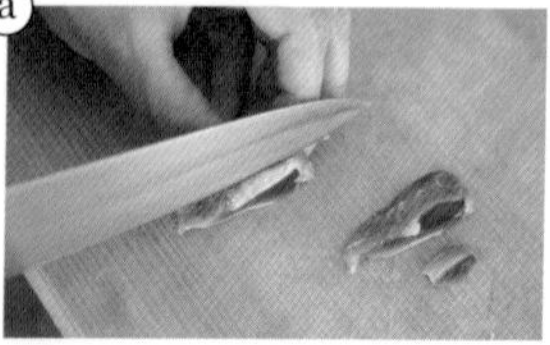
砂肝についている銀皮は堅いので、包丁でそぐようにして取り除きます。

作り方

1. 砂肝はつながっている部分を切り離し、銀皮をそぎ落とすⓐ。縦3㎜幅に浅い切り目を入れてから、横半分に切る。

2. パクチーは2㎝長さに切る。紫たまねぎは繊維に沿って薄切りにし、水に5分間ほどさらして水けをきる。

3. フライパンにごま油をひき、にんにくを入れて弱火で炒める。にんにくの香りがたったら砂肝を加えて中火にし、両面に焼き色をつける。紹興酒としょうゆを入れ、汁けがなくなるまで炒める。

4. ボウルに**2**、**3**、しょうがを入れ、Aを合わせて加え、あえる。器に盛って粉とうがらしをふる。

コリコリ砂肝を
パクチーとあえて、
食感豊かに。

マスカットとパクチーのハニー風味

RECIPE

材料（作りやすい分量）

マスカット（種なし／皮可食の品種）… 15粒
ミニトマト（緑）*1 … 5コ
パクチー（茎・葉）… 1株分
ブファーラ*2（またはモッツァレラチーズ）… 1コ
オリーブ油 … 大さじ1½
ライム汁（またはレモン汁）… 大さじ1
はちみつ … 小さじ2
塩 … 少々
黒こしょう（粗びき）… 少々

＊1 緑色のミニトマトがなければ、好みの色のものでよい。

＊2 水牛乳製のモッツァレラチーズのこと。

作り方

1. マスカット、ヘタを取ったミニトマトは横半分に切る。パクチーは2㎝長さに切るⓐ。以上をボウルに入れてざっと合わせる。

2. 器に盛り、縦に切り目を入れたブファーラをのせる。オリーブ油、ライム汁、はちみつの順に回しかけ、塩、黒こしょうをふる。

ⓐ

2㎝長さに切る前に茎の筋に沿って縦に1本、切り込みを入れると香りがたちます（15ページ参照）。

フルーツの甘みと
パクチーの香り、
チーズのまろやかさが
絶妙にマッチ。

丸ごとパクチー塩から揚げ

RECIPE

材料（作りやすい分量）

鶏もも肉 … 1枚（250g）
パクチー（茎・葉・根）
　… 2株分
A
- にんにく（すりおろす）
　… （小）1かけ（6g）
- マヨネーズ … 大さじ2
- 酒 … 大さじ1
- ナムプラー … 小さじ2
- 塩 … 小さじ¼

かたくり粉 … 大さじ3～4
揚げ油 … 適量
レモン（くし形に切る）… 適量

作り方

1. 鶏肉は一口大に切る。パクチーは根まですべて、みじん切りにする。

2. ボウルに鶏肉、パクチー、Aを合わせてよくもみ込み、冷蔵庫で20分間以上漬け込む。

3. 2の鶏肉にかたくり粉を薄くまぶし、高温（180℃）に熱した揚げ油で3～4分間揚げる。揚げバットに上げて油をきり、器に盛ってレモンを搾りかける。

ほんのり甘い
根の香りをまとわせて、
香味豊かな一品に。

パクチーたたききゅうり（38ページ）

パクチーの風味が
たっぷりからんだ、
後を引くおいしさ。

パクチーたたききゅうり

RECIPE

材料（2人分）

きゅうり … 2本（200g）
パクチー（茎・葉）… 1株分
A | 塩昆布 … 5g
にんにく（すりおろす）
… （小）2かけ（12g）
ごま油 … 大さじ1
しょうゆ … 小さじ2
白すりごま … 小さじ2

作り方

1. きゅうりはジッパー付き保存袋に入れ、上からすりこ木などでひびが入るようにたたく。取り出して食べやすい大きさに切り、袋に戻し入れる。

2. パクチーはみじん切りにし、Aとともに**1**の袋に入れ、袋の上からよくもみ込む。

MENU 03

和食

青じそやねぎの感覚で薬味に。パクチーを主役にしておひたしやかき揚げに。和の食材や調味料とも意外なほど相性がよいパクチー。さらに親しみが増す、和のレシピいろいろ。

ほっけとパクチーの混ぜごはん

RECIPE

材料（2人分）

ほっけ（干物／開き）
　… 1匹（正味80g）
パクチー（茎・葉）… 2株分
みょうが … 2コ
高菜漬け … 30g
しょうが …（小）2かけ（12g）
削り節 … ½袋（2g）
ごはん（温かいもの）
　… ごはん茶碗《わん》2杯分
　　（360g）
A｜ナムプラー … 大さじ1
　｜レモン汁 … 小さじ2
目玉焼き
｜卵 … 2コ
｜サラダ油 … 適量

作り方

1. ほっけは魚焼きグリルで両面をこんがり焼く。粗熱がとれたら、骨、皮を除いて身をほぐすⓐ。パクチー、みょうが、高菜漬け、しょうがはみじん切りにする。

2. ボウルにごはん、**1**、削り節を入れてしゃもじで切るように混ぜ合わせ、Aを加えて混ぜる。

3. フライパンにサラダ油を熱して卵を割り入れ、好みの堅さの目玉焼きを作る。**2**を盛った器にのせる。

ⓐ

箸で粗くほぐします。干物は身が厚くうまみのあるほっけがおすすめですが、あじ、さんまなど魚種はお好みで。

干物、高菜、みょうがを
混ぜたごはんに、
パクチーを加えて
爽やかに。

ささ身とひじきの パクチー梅肉あえ

RECIPE

材料（2人分）

鶏ささ身 … 1本（100g）
ひじき（水で戻したもの）… 50g
パクチー（茎・葉）… 2株分
梅干し … 1〜2コ＊
枝豆（塩ゆでしたもの）
…（正味）30g
酒 … 大さじ1
A | 削り節 … ½袋（2g）
しょうゆ … 小さじ2
みそ … 小さじ2

＊ 大きさや塩けによって数を調節する。

作り方

1. 鶏ささ身は筋を取り、表面に酒をふって耐熱皿にのせ、ラップをふんわりとかけて電子レンジ（600W）に2分30秒〜3分間かける。粗熱がとれたら手で細かく裂く。

2. 鍋にたっぷりの湯を沸かしてひじきをサッとゆで、ざるに上げて冷ます。パクチーは2cm長さに切る。梅干しは種を取って身を細かくほぐす。

3. ボウルに**1**、**2**、枝豆を入れ、Aを加えてよくあえる。

納豆カリカリパクチー

RECIPE

材料（2人分）

納豆 … 2パック
パクチー（茎・葉）… 1株分
たくあん漬け … 20g
A｜しょうゆ … 小さじ1〜2
　｜練りわさび … 適量
白ごま … 小さじ1

作り方

1. 納豆は箸で混ぜて粘りを出す。パクチー、たくあんは粗いみじん切りにする。

2. ボウルに**1**、Aを入れて混ぜ合わせる。器に盛って白ごまを散らす。

たくあんが
食感のアクセントになる、
和風おつまみ。

パクチーおひたし

RECIPE

材料（2人分）

パクチー（茎・葉・根）… 4株分
塩 … 小さじ2
A
- かつお昆布だし … カップ1
- うす口しょうゆ … 大さじ1 ½
- みりん … 小さじ4

削り節 … ½袋（2g）
花椒（ホワジャオ／粒）… 少々

作り方

1. 鍋に2ℓの湯（分量外）を沸かして塩を加え、パクチーを30秒間ほどゆでて氷水にとる。水けをしっかり絞り、3㎝長さに切る。

2. ボウルにAを合わせて**1**を浸し、冷蔵庫で1時間ほどなじませる。

3. 器に**2**を盛り、削り節、ミルでひいた（またはすりこ木でつぶした）花椒を散らす。

定番の和食料理を
パクチーで再現。
上品な味わいに。

パクチー かき揚げそば

RECIPE

材料（2人分）

パクチー（茎・葉・根）
　… 3株分
アボカド … 1コ（正味80g）
薄力粉 … 大さじ1
衣
　薄力粉 … 60g
　かたくり粉 … 10g
　冷水 … カップ½
　卵黄（溶いたもの）
　　… 大さじ1
　ゆずこしょう
　　… 小さじ1
そば（乾）… 2束
揚げ油 … 適量
めんつゆ（ストレート）
　… カップ4

ⓐ

衣をからめた具を木べらにのせ、菜箸ですべらせるようにして入れれば、油がはねにくく、形も整います。

作り方

1. パクチーは根を切り離し、根はそのまま使う。茎と葉は3cm長さに切る。アボカドは縦半割りにして種を除き、皮をむいて1cm角に切る。ともにボウルに入れて全体に薄力粉をまぶす。

2. 別のボウルで衣を作る。薄力粉、かたくり粉を合わせ、冷水を少しずつ加えて菜箸で全体を切るように混ぜ、卵黄、ゆずこしょうを加えてサッと混ぜる。

3. **2**に**1**を加え、さっくりと混ぜて衣をからめる。半量ずつ木べらにのせ、中温（170℃）の揚げ油に菜箸ですべらせるようにして入れⓐ、2分30秒～3分間ほどカラリと揚げる。揚げバットに上げて油をきる。

4. 鍋にたっぷりの湯を沸かしてそばを袋の表示時間どおりにゆで、氷水でしめ、水けをきる。別の鍋でめんつゆを温め、そばを入れてサッと温めて器に盛り、**3**のかき揚げをのせる。

パクチーを揚げると、
香りがぐんとたち、
箸が止まらなくなります。

パクチーときのこの にんにくしょうゆ漬け

だしの味をしっかり
しみ込ませた、
味わい深い常備菜。

材料（作りやすい分量）

パクチー（茎・根）… 3株分
しめじ … 80g
エリンギ … 100g
しいたけ（生）… 4枚

A
- かつお昆布だし … カップ½
- しょうゆ … 大さじ2
- ごま油 … 大さじ1
- 砂糖 … 小さじ1
- 赤とうがらし（ヘタと種を取って小口切り）… 1本
- にんにく（薄切り）…（小）2かけ（12g）

作り方

1. パクチーは根を切り離し、根はそのまま使う。茎は3㎝長さに切る。しめじは軸の下の堅い部分を落としてばらばらにほぐす。エリンギは食べやすい長さの薄切りにする。しいたけは軸を落として薄切りにする。

2. 鍋にたっぷりの湯を沸かして**1**のきのこ類を1分間ほどゆで、ざるに上げて水けをきり、粗熱をとる。

3. Aをボウルで混ぜ合わせ、**1**のパクチーと**2**を加えてざっと混ぜ、冷蔵庫で半日以上漬ける。

※保存容器に入れ、冷蔵庫で3～4日間保存可能。

PHAKCHI
Q & A
NO. 03

Q. 私はパクチーが大好きなのに、家族は嫌い……。苦手な人でもおいしく食べるには?

ANSWER

火を通してみよう!

茎が細いもののほうがえぐみや香りが少ないので、苦手な方は、そうしたパクチーがおすすめです。

また、火を通すと風味がやわらぎ、味もマイルドになるので、苦手な方でもぐっと食べやすくなります。刻んだパクチーの葉とひき肉を一緒に炒めて肉みそにしたり、肉ダネなどに混ぜ込んで調理したりすると、嫌いな方でもたいがいおいしく食べてくれますよ。

「嫌いだと思っていたけれど、久しぶりに食べたらおいしかった!」と、ある日突然好きになる方も多いのが、パクチーのおもしろいところ。また、日本で栽培されたパクチーの味は、海外のものともまた少し違うように思います。海外で食べて苦手と感じられた方も敬遠したままにせず、口に運んでみてください。苦手意識のある方にこそ、いろいろなパクチー料理を食べていただき、味の世界を広げていただけたらうれしいですね。

MENU 04

洋食

肉ダネに混ぜ込んでエキゾチックなアクセントに。さまざまな葉野菜とのコンビネーションに。ハーブを多用する洋風料理は、パクチーの香りもしっかり受け止めてくれます。

パクチークリーム
ミートボール

RECIPE

材料（2人分／10個分）

ミートボールダネ
- 合いびき肉 … 200g
- パクチー（茎・葉・根）
  … 2株分
- たまねぎ … ¼コ（50g）
- たけのこ（水煮）… 40g
- 溶き卵 … ½コ分
- パン粉 … 大さじ2
- 塩 … 少々
- 黒こしょう（粗びき）… 少々

オリーブ油 … 小さじ2

ココナツホワイトソース
- ココナツミルク（缶詰）
  … 1缶（400mℓ）
- 薄力粉 … 大さじ2
- バター … 20g
- 固形チキンスープの素《もと》 … 1コ

ⓐ

ミートボールは、煮込む前に全体を焼きつけることで香ばしさが増し、うまみも閉じ込めることができます。

作り方

1. ミートボールのタネを作る。パクチーとたまねぎはみじん切りに、たけのこは粗いみじん切りにする。
2. ボウルにひき肉、**1**、溶き卵、パン粉を入れてしっかり練り混ぜ、塩、黒こしょうを加えてさらに混ぜる。10等分にして丸める。
3. フライパンにオリーブ油を中火で熱して**2**を並べ入れ、表面全体を焼きつけⓐ、取り出す。
4. ココナツホワイトソースを作る。ボウルにココナツミルク、薄力粉を入れてしっかり溶き混ぜる。鍋またはフライパンにバターを入れて弱火で溶かし、合わせたココナツミルクと薄力粉を加えて混ぜながら温める。スープの素を加えてとろみがつくまで温める。
5. **4**に**3**を加えて5分間ほど煮る。

ココナツミルクで煮込んだ、
濃厚な洋風肉料理。
パクチーがアクセントに。

パクチーナポリタン

パクチーと
チリソースを合わせて、
おしゃれな大人味に。

RECIPE

材料（2人分）

パクチー（茎・葉・根）
　… 2株分
オクラ … 6本
ウインナーソーセージ（粗びき）
　… 4本
ヤングコーン … 4本
たまねぎ … ½コ（100g）
にんにく（みじん切り）
　…（小）1かけ（6g）
スパゲッティ … 180g
オリーブ油 … 大さじ1
A　トマトケチャップ
　　… 大さじ4
　スイートチリソース（市販）
　　… 大さじ2
バター … 20g

作り方

1. パクチーの根はみじん切りにし、茎と葉は2cm長さに切る。オクラは塩少々（分量外）をふってまな板の上で転がしてうぶ毛を落とし、ヘタを切る。ソーセージ、ヤングコーン、オクラは一口大の斜め切りに、たまねぎは繊維に沿って薄切りにする。

2. フライパンにオリーブ油をひいてにんにく、パクチーの根を入れ、弱火で炒める。にんにくの香りがたったら、パクチー以外の**1**を加えて中火にし、野菜がしんなりするまで炒める。

3. 鍋に湯2ℓを沸かして塩20g（分量外）を加え、スパゲッティを袋の表示時間どおりにゆでてざるに上げる。ゆで汁大さじ2を取り分ける。

4. **2**に**3**（ゆで汁も）とAを加え、からめる。最後にバターをざっと混ぜて器に盛り、パクチーの茎と葉をのせる。

パクチーサラダピザ

RECIPE

材料（1枚分）

パクチー（茎・葉）… 2株分
フリルレタス … 2枚
ミニトマト … 4コ
ベビーリーフ … 20g
スモークサーモン … 6枚
ピザ生地（市販または手作り）
〈⇒60ページ〉
… 直径24㎝1枚

A
- アンチョビ … 2尾分
- バター（常温で柔らかくしたもの）… 20g

B
- ドレッシング（シーザーサラダ用／市販）… 大さじ2
- マヨネーズ … 大さじ1

粉チーズ（パルメザン）
… 小さじ2

作り方

1. パクチーは2㎝長さに切る。フリルレタスは食べやすい大きさにちぎる。ミニトマトはヘタを取って横半分に切る。

2. オーブンの天板にオーブン用の紙を敷いてピザ生地をのせ、200℃に予熱したオーブンで20分間ほど焼く。

3. Aのアンチョビはみじん切りにしてバターと混ぜ合わせ、**2**が温かいうちに表面全体に塗る。**1**とベビーリーフ、スモークサーモンを彩りよく上にのせ、Bを混ぜ合わせて全体にかけ、粉チーズをふる。

パクチー、レタス、
ベビーリーフで野菜たっぷり。
アンチョビバターでコクアップ。

ピザ生地の作り方

材料（直径24㎝、2枚分）

強力粉 … 250g
薄力粉 … 100g
塩 … 小さじ1
砂糖 … 小さじ1
ドライイースト … 5g
オリーブ油 … 大さじ1
ぬるま湯（40℃）… 140～150㎖

作り方

1. 大きめのボウルに強力粉と薄力粉をふるい入れる。塩、砂糖、ドライイーストを加えて混ぜ合わせる。

2. **1**の真ん中にくぼみを作り、そこにオリーブ油、湯をゆっくり静かに注ぐ。木べらなどで全体を混ぜ合わせる。

3. ひとかたまりにまとまったら、手で生地をボウルに打ちつけてのばしては丸める作業を5分間ほど繰り返す。

4. オリーブ油適量（分量外）を表面に塗り、ボウルにラップをして常温で1時間ほど休ませる（2倍ほどにふくらむのが目安）。

5. **4**を2等分してそれぞれ丸く整え、ぬれた布巾でくるんで常温で15分間ほど休ませる。

6. まな板に薄力粉（分量外）で打ち粉をし、**5**をのせて麺棒で直径24㎝にのばす。表面全体にフォークを刺して穴をあける。

※ **5**の状態でラップで包みジッパー付き保存袋などに入れ、冷蔵庫で2～3日間保存可能。

教えて
パクチー
ボーイ!

PHAKCHI
Q & A
NO. 04

Q. パクチー好きに おすすめの食べ方は?

ANSWER

ぜひ根を食べつくして!

パクチーラヴァーなら、ぜひ根を使った料理を堪能してください。パクチーの中でも根はいちばん香りが強いところ。そして根菜類のようなホクホクとした食感や甘みも特徴です。この本でもご紹介している、かき揚げそば(48ページ)や四川風マーボー豆腐(100ページ)、花椒《ホワジャオ》フライ(104ページ)などは、根ならではの歯ごたえや香りを存分に楽しめますよ。もし捨ててしまっているならば、本当にもったいない! みじん切りにして炒めればさまざまに使えて、料理のワンアクセントにもなります。

また、意外と知られていないのが、根をみそ汁やスープのだしとして使う方法。根に凝縮されている香りが広がり、とってもいいだしがとれます。ポイントは、根を軽くつぶすこと。より香りが出て、おいしさもアップします。

根っからのパクチー好きの方の中には、根ばかり食べているという方もいらっしゃいますよ(笑)。

PHAKCHI

Q & A

NO. 05

Q. パクチーが たくさん余ってしまった！ どうしましょう。

ANSWER

どんどん刻もう！

葉や茎は冷凍保存ができないため、大量に余ってしまうと大変ですよね。そんなときは、刻んだパクチーをしょうゆに漬けちゃいましょう（74ページ）。おいしいまま2～3週間保存ができます（冷蔵庫に入れてくださいね！）。このパクチーしょうゆは、納豆に入れたり、ギョーザのたれにしたりと、使い勝手がよいのも魅力です。

また、ご家庭にミキサー（またはフードプロセッサー）があれば、ジェノバ風パクチーペースト（88ページ）を作るのもおすすめ。ペーストなら冷凍保存も可能です。ソースやペーストをストックしておけば、いつでもパクチー料理が楽しめますね！

MENU 05

エスニック

パクチー使いの王道といえば、やっぱりエスニック！　トッピングしたり、混ぜたり、あえたり。ナムプラーやスパイスとの相性も抜群で、思わず箸がすすむパクチーパワー。

ベトナム風しじみうどん

RECIPE

材料（2人分）

しじみ（砂抜きしたもの）
　… 200g
パクチー（茎・葉）… 1株分
きゅうり … ¼本（25g）
細ねぎ … 2本
うどん（ゆでまたは冷凍）
　… 2玉
A｜かつお昆布だし
　｜　… カップ4
　｜顆粒《かりゅう》チキンスープの素《もと》
　｜　… 大さじ1〜1½
　｜こぶみかんの葉（あれば）
　｜　… 8枚
ナムプラー … 小さじ2

ⓐ

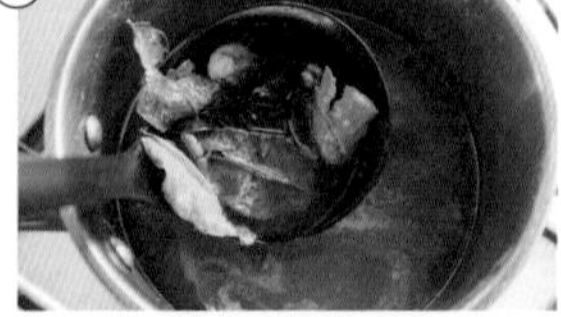

和風だしと顆粒チキンスープの煮汁の中にしじみのだしも引き出して、うまみたっぷりのスープにします。

作り方

1. しじみは殻をこすり合わせて洗う。パクチーは2㎝長さに切る。きゅうりは薄い輪切りにする。細ねぎは小口切りにする。

2. 鍋にAとしじみを入れて中火にかけ、煮立つ直前に弱火にする。しじみの口があいたらⓐ、ナムプラーを加える。

3. 鍋に湯を沸かし、うどんを袋の表示どおりに温める。ざるに上げて水で洗い、水けをきる。

4. 器に2、3を盛り、1のパクチー、きゅうり、細ねぎをのせる。

パクチーを麺にからめたり、
しじみのスープに浸して
クタッとさせたり。

＼ジューシー！／

パクチーギョーザ

RECIPE

材料（約25個分）

ギョーザのあん
- 豚ひき肉 … 200g
- パクチー（茎・葉・根）… 2株分
- キャベツ … 200g
- 牛脂 … 5g
- しょうゆ … 小さじ2
- オイスターソース … 小さじ2
- にんにく（すりおろす）…（小）2かけ（12g）
- しょうが（すりおろす）…（小）1かけ（6g）

ギョーザの皮 … 約25枚
ごま油 … 大さじ2
A
- 薄力粉 … 大さじ1/2
- 水 … カップ3/4

香味パクチーソース〈⇒76ページ〉… 適量

ⓐ

薄力粉を溶いた水を注いで蒸し焼きに。油を回し入れて焼き上げると、パリパリとした羽根付きギョーザに。

作り方

1. ギョーザのあんを作る。キャベツはせん切りにし、塩小さじ1/4（分量外）とともにジッパー付き保存袋に入れて口を閉じ、よくもむ。出た水分はよくきる。パクチー、牛脂はみじん切りにする。ボウルにギョーザのあんの材料を合わせ、粘りが出るまで練り混ぜる。ラップをして冷蔵庫で10分間ほど休ませる。

2. ギョーザの皮の真ん中に**1**を約1/25量ずつのせ、皮の縁に水を塗って半分に折り、縁にひだを寄せながら包み込む。

3. フライパンにごま油大さじ1をひき、冷たいうちに**2**を並べて中火にかけ、2分30秒間ほど焼く。Aをよく溶いて注ぎⓐ、ふたをして水けがなくなるまで5分間ほど蒸し焼きにする。

4. ふたを外し、フライパンの縁からごま油大さじ1を回し入れ、1分間ほど揚げ焼きにする。器に盛り、香味パクチーソースを添える。

ジュワッとしみ出る
肉汁とともに広がる、
パクチーの香り。

揚げなすとパプリカの パクチーマリネ

RECIPE

材料（作りやすい分量）

なす … 3コ（240g）
パプリカ（赤）… 1コ（150g）
パクチー（茎・葉）… 2株分
揚げ油 … 適量

A
- ナムプラー … 大さじ2
- レモン汁 … 大さじ1
- きび糖 … 大さじ1
- オイスターソース … 小さじ1
- にんにく（ごく細かいみじん切り）… （小）1かけ（6g）

作り方

1. なすは食べやすい大きさの乱切りにし、水にさらす。水けをよく拭き、中温（170℃）に熱した揚げ油に入れて2～3分間揚げ、揚げバットなどに上げて油をきる。

2. パプリカは金串や長めのフォークなどを刺し（2か所刺すと安定する）、表面が真っ黒になるまで中火に直に当てて焼く。氷水にとって冷やし、皮をきれいにむく。縦半割りにしてヘタと種を除き、食べやすい大きさに切る。

3. パクチーはみじん切りにする。ボウルにAを合わせ、**1**、**2**とパクチーを加えて混ぜ合わせる。冷蔵庫で1時間ほど冷やす。

MENU 05 ｜ エスニック

ししとうと パクチーのサルサあえ

材料（作りやすい分量）

パクチー（茎・葉）… 2株分
ミニトマト … 6コ
ししとうがらし … 6本
赤とうがらし … 1本
オクラ … 6本
ごま油 … 大さじ1
A｜米酢 … 大さじ2
｜しょうゆ … 大さじ1
｜削り節 … ½袋（2g）
｜チリパウダー … 小さじ2

作り方

1. パクチーは1cm長さに切る。ミニトマトはヘタを取って四つ割りに切る。

2. ししとうがらしはヘタを落として5mm厚さの輪切りに、赤とうがらしはヘタと種を除いて小口切りにする。フライパンにごま油を中火で熱し、ししとう、赤とうがらしを入れて1分間炒める。

3. オクラは塩少々（分量外）をふってまな板の上で転がしてうぶ毛を落とし、ヘタを切る。鍋にたっぷりの湯を沸かして2分間ほどゆでる。ざるに上げて水けをきり、5mm厚さの輪切りにする。

4. ボウルにAを合わせ、**1**、**2**、**3**を加えてあえる。

PHAKCHI
Q & A
NO. 06

Q. 最近、パクチー料理にハマっています。毎日食べても大丈夫ですか?

ANSWER

僕は毎日! 人によるかな

僕は、ほぼ毎日パクチーを食べていますよ。ただ、人によっては、一度に大量に食べたりすると、体調が悪くなったりする場合もあるようなので、食べすぎには注意してくださいね。

野菜であるパクチーには、さまざまなビタミンが含まれています。美肌のビタミンともいわれているビタミンCのおかげもあるのか、僕の肌はトラブル知らず! 「お肌ツヤツヤだね」ってよく周りからほめてもらえます(笑)。

また、パクチーはローカロリーで、食べて太るといった心配もなし。おいしいだけでなくヘルシーなのも、うれしいですね。

MENU 06

万能ソース

パクチーの風味がふんだんに詰まった、食べるタイプのソース＆作りおき調味料をご紹介。これらのソースを添えるだけで、シンプルな料理がグンとエキゾチックに変身します。

パクチーしょうゆ

RECIPE

材料（作りやすい分量）

パクチー（茎・葉・根）
　… 3株分
赤とうがらし … 1本
にんにく（薄切り）
　…（小）2かけ（12g）
しょうが（薄切り）
　…（小）2かけ（12g）
しょうゆ … カップ1
砂糖 … 小さじ2

作り方

1. パクチーは根を切り離し、根はそのまま使う。茎と葉はみじん切りにする。赤とうがらしはヘタと種を除く。

2. 保存瓶にすべての材料を合わせ、冷蔵庫でなじませる。1日後から使える。

※冷蔵庫で2～3週間保存可能。

使い方

納豆、アボカド、刺身などにそのままかけたり、チャーハンや炒め物の調味に。酢、コチュジャンなどとの合わせだれにしても。

作りおきしておくと便利！
多方面で大活躍する
絶妙な味わいのしょうゆ。

香味パクチーソース

RECIPE

材料（作りやすい分量）

パクチー（茎・葉）… 2株分
ねぎ … 30g
みょうが … 1コ
しょうが …（小）2かけ（12g）
にんにく …（小）1かけ（6g）

A
- しょうゆ … カップ½
- 米酢 … カップ¼
- ごま油 … 大さじ3
- 砂糖 … 大さじ1

作り方

1. パクチー、ねぎ、みょうが、しょうが、にんにくはみじん切りにする。

2. 1とAをボウルに入れて混ぜ合わせる。

※保存容器に入れ、冷蔵庫で3～4日間保存可能。

使い方

刺身、冷ややっこ、焼き肉、ギョーザのたれや、しゃぶしゃぶ肉のあえ物などに。

◎写真は、かつおのたたきと。

香味野菜と
パクチーを
合わせた、
和風ソース。

パクチーワカモレソース

アボカドディップを、
パクチーたっぷりの
ソースに。

RECIPE

材料（作りやすい分量）

アボカド … 1コ（正味80g）
トマト … 1コ（100g）
パクチー（茎・葉）… 2株分
セロリ … $\frac{1}{3}$本（30g）
紫たまねぎ … $\frac{1}{6}$コ（30g）

A
- オリーブ油 … 大さじ1
- レモン汁 … 小さじ2
- 塩 … 小さじ$\frac{1}{4}$
- にんにく（すりおろす）… （小）1かけ（6g）

作り方

1. アボカドは縦半割りにして種を除き、皮をむいてボウルに入れ、フォークの背でつぶす。

2. トマトはヘタを取って5㎜角に切る。パクチー、セロリ、紫たまねぎはみじん切りにする。紫たまねぎは、水に5分間ほどさらし、水けをきる。

3. **1**に**2**、Aを加えてよく混ぜる。

※保存容器に入れ、冷蔵庫で2～3日間保存可能。

使い方

タコチップやトルティーヤのソースにしたり、焼いたバゲット、白身魚のフライ、さまざまな生野菜などに添えて。

◎写真は、野菜スティックと。

パクチーピーナッツソース

RECIPE

材料（作りやすい分量）

パクチー（茎・葉）… 1株分

A | ピーナツバター（無糖）… 大さじ2
酢 … 大さじ1½
ココナツオイル … 小さじ2
しょうゆ … 小さじ1
砂糖 … 小さじ1
チリパウダー … 小さじ½

作り方

1. パクチーはみじん切りにする。
2. ボウルにAを入れて混ぜ、**1**を加えて混ぜ合わせる。

※保存容器に入れ、冷蔵庫で2～3日間保存可能。

使い方

生野菜、グリルした肉、さばなど脂ののった焼き魚、厚揚げなどに添えたり、そうめん、ビーフンなどのあえ麺に。

◎写真は、チキングリルと。

ピーナツのコク、
酢の酸味、
パクチーの
バランスが絶妙。

教えて
パクチー
ボーイ!

PHAKCHI

Q & A

NO. 07

Q. コリアンダーシードを使いたいのですが、家にミルがありません……

ANSWER

包丁でザクザクと刻むのもまたよし!

ミルでひくと簡単で、強く香りがたち、なかなかよいものですが、すりこ木でつぶすもよし、包丁でザクザクと刻むのもまたよし、です。包丁で刻むなら、先に包丁の腹でつぶすと、やりやすいですよ。サラダやマリネにトッピングすれば、香りと食感を楽しめます。グレープフルーツのマリネなどの仕上げに散らせばサッとしゃれた一品になりますので、試してみてください。

コリアンダーシードの魅力は、なんといっても柑橘《かんきつ》系のフワッと華やぐような香りです。ぜひご家庭でもカレーやパスタなどに使って、その香りをご堪能ください。なかでも僕のお気に入りは、コリアンダーシード×ペペロンチーノ。にんにくと赤とうがらし、そこにひいたコリアンダーシードを加えて弱火でじっくり炒めると、香りが油に移ってパスタ全体にうまみが広がり、とってもおいしく仕上がるんです。

MENU 07

ドライ・ペースト

日もちのするドライパクチーやパクチーペーストをストックしておけば、いつでもすぐ、作りたいときにパクチー料理を楽しめます。フレッシュとはまたひと味違う香味です。

ドライで

パクチー卵焼き

RECIPE

材料（2人分）

卵 … 3コ
コンビーフ（缶詰）… $\frac{1}{2}$缶（50g）
パクチー（乾）… 大さじ2
A｜かたくり粉 … 小さじ1
　｜牛乳 … 大さじ3
サラダ油 … 適量

作り方

1. ボウルに卵を割り入れて溶きほぐし、粗くほぐしたコンビーフ、パクチーを加えて混ぜ合わせる。

2. 別のボウルにAを入れてしっかり溶き、**1**に加えてサッと混ぜる。

3. 卵焼き器にサラダ油小さじ2を中火で熱し、ペーパータオルで全体になじませる。**2**の卵液の$\frac{1}{3}$量を流し入れ、縁が固まってきたら向こう側から手前に菜箸でクルクルと巻き、向こう側に寄せる。

4. 卵焼き器のあいたところにサラダ油を薄くひき、残りの卵液の半量を流し入れ、同様に焼いて巻く。残りの卵液も同様にする。

ドライで

もやしのパクチーナムル

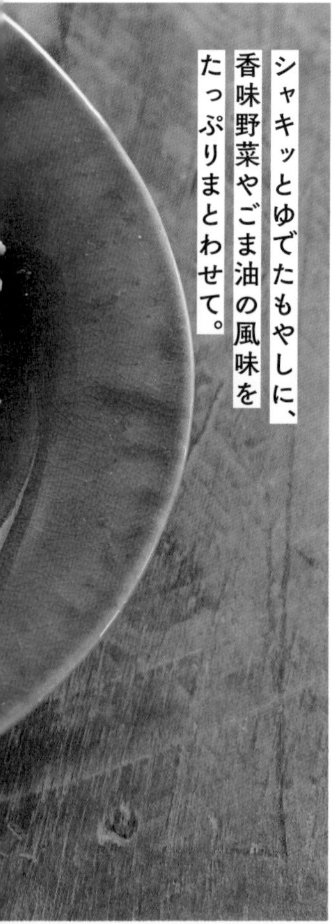

RECIPE

材料（2人分）

もやし … 1袋（200g）

A
- パクチー（乾）… 大さじ1
- しょうが（せん切り）… （小）2かけ（12g）
- にんにく（すりおろす）… （小）1かけ（6g）
- 白すりごま … 大さじ2
- ごま油 … 大さじ1
- 顆粒《かりゅう》チキンスープの素《もと》 … 小さじ1
- 塩 … 少々

作り方

1. 鍋にたっぷりの湯を沸かし、もやしを1分間ほどゆで、ざるに上げて湯をきる。

2. ボウルにAを混ぜ合わせ、**1**を加えてあえ、冷蔵庫で20分間以上なじませる。

ジェノバ風 パクチーペースト

RECIPE

材料（作りやすい分量）

パクチー（茎・葉）… 10株分（60g）
粉チーズ（パルメザン）… 30g
アンチョビ … 2尾分
にんにく …（小）2かけ（12g）
松の実 … 30g
オリーブ油 … カップ½
バター … 10g
塩 … 小さじ½

作り方

1. パクチーはざく切りにする。すべての材料をミキサー（またはフードプロセッサー）に入れ、1分間ほどかくはんする。

※保存容器に入れて冷蔵庫で1週間、冷凍保存袋に入れて冷凍庫で1か月間ほど保存可能。

チーズや松の実が効いた
リッチな味わいと
鮮やかな色合いが魅力。

ペーストで

パクチージェノベーゼコロッケ

RECIPE

材料（8個分）

合いびき肉 … 200g
じゃがいも … 2コ（200g）
たまねぎ（みじん切り）
　… ¼コ（50g）
クリームチーズ … 30g
バター … 20g
塩 … 少々
黒こしょう（粗びき）… 少々
ジェノバ風パクチーペースト
　（市販または手作り）
　〈⇒88ページ〉… 大さじ3
衣｜薄力粉 … 大さじ2
　｜溶き卵 … 1コ分
　｜パン粉 … 50g
揚げ油 … 適量

ⓐ
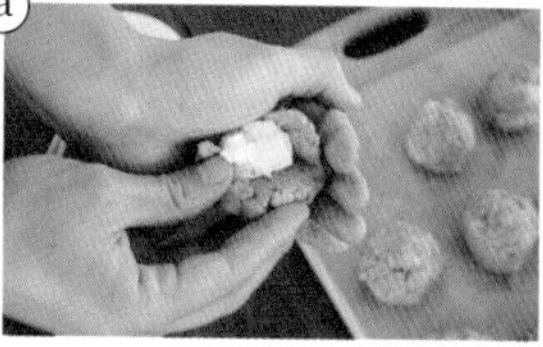
タネの真ん中をくぼませてクリームチーズを埋め込み、包み込んで丸く成形します。

作り方

1. じゃがいもは皮をむいて芽を取り除く。鍋にたっぷりの水を入れて塩少々（分量外）を加え、じゃがいもを弱火でゆでる。竹串がスッと通ったらざるに上げてゆで汁を捨てる。温かいうちに木べらでつぶし、粗熱がとれるまでおく。

2. フライパンに中火でバターを溶かし、たまねぎを炒める。しんなりしたらひき肉を加えて全体に火が通るまで炒め、塩、こしょうをふる。粗熱がとれるまでおく。

3. ボウルに**1**、**2**、ジェノバ風パクチーペーストを入れてまんべんなく混ぜ合わせ、8等分にして軽く丸める。真ん中にクリームチーズを⅛量ずつのせて包み込み、丸く整えるⓐ。

4. 薄力粉、溶き卵、パン粉の順に衣をつけ、中温（170℃）に熱した揚げ油で3分間ほど、きつね色になるまで揚げる。揚げバットなどに上げて油をきる。

◎好みでジェノバ風パクチーペースト（分量外）をのせても。

パクチーとチーズの風味で
より深い味わいの
ポテトコロッケに。

ペーストで

パクチーえびアヒージョ

オイルで煮た仕上げに
パクチーを足すと、
香りとコクがより豊かに。

RECIPE

材料（2人分）

えび（殻付き／無頭）…（小）8匹
エリンギ … 70g
赤とうがらし … 1本
にんにく（みじん切り）
…（小）2かけ（12g）
オイルサーディン … ½缶（正味50g）
かたくり粉 … 小さじ2
オリーブ油 … カップ½
ジェノバ風パクチーペースト
（市販または手作り）〈⇒88ページ〉
… 大さじ1

作り方

1. えびは背ワタを取り、尾を残して殻をむき、かたくり粉をふってもみ込み、水で洗って水けをしっかりきる。エリンギは長さを2～3等分に切って食べやすい太さに切る。赤とうがらしはヘタと種を除く。

2. 直火で調理できる耐熱容器にオリーブ油、赤とうがらし、にんにく、オイルサーディンを入れて弱火にかけ、表面がフツフツと煮立ち始めたらえび、エリンギを加え、ごく弱火にして8～10分間煮る。

3. 火を止め、ジェノバ風パクチーペーストを全体にかける。

MENU 07 ― ドライ・ペースト

あさりの蒸し汁に、
パクチーの香味を足して
パスタにからめて。

パクチージェノバパスタ

ペーストで

パクチージェノバパスタ

RECIPE

材料（2人分）

あさり（砂抜きしたもの）
… 200g
にんにく（みじん切り）
… （小）2かけ（12g）
オリーブ油 … 大さじ1
酒 … 大さじ3
ジェノバ風パクチーペースト
（市販または手作り）〈⇒88ページ〉
… カップ3/4
しょうゆ … 小さじ2
スパゲッティ … 160g
粉チーズ（パルメザン）… 適量

作り方

1. あさりは殻をこすり合わせながら洗う。

2. 鍋に湯2ℓを沸かして塩20g（分量外）を加え、スパゲッティを袋の表示時間より1分間短くゆでる。ゆで汁大さじ2を取り分ける。

3. フライパンにオリーブ油をひき、にんにくを入れて弱火で炒める。香りがたったらあさりを加え、酒をふってふたをし、蒸し煮にする。

4. あさりの口があいたら、ゆで上がった**2**のスパゲッティと取り分けたゆで汁を入れ、中火にしてざっと混ぜる。ゆで汁にとろみが出始めたら、ジェノバ風パクチーペースト、しょうゆを加えてからめる。器に盛り、粉チーズをふる。

教えて
パクチー
ボーイ!

PHAKCHI
Q & A
NO. 08

Q. とくにお気に入りのメニューは、なんですか？

ANSWER

僕のヘビロテ セレクト5

本書でご紹介した39レシピは、どれも本当によく作るものばかり！　でも、あえてセレクトするならば……

1 **マスカットとパクチーのハニー風味**（34ページ）
旬になったら必ず作っています !!

2 **パクチーたたききゅうり**（38ページ）
お客様に出すと、いつも喜ばれるレシピです☆

3 **ささ身とひじきのパクチー梅肉あえ**（42ページ）
梅干しとパクチーのハーモニーが格別。作りおきの定番！

4 **パクチーナポリタン**（56ページ）
週末のお昼ごはんに最適！

5 **揚げなすとパプリカのパクチーマリネ**（68ページ）
よく作ります。本当においしいので、おすすめです。

でも、これ以外のレシピもおいしいですから、ぜひ、いろいろなパクチー料理を楽しんでくださいね！

僕の PHAKCHI HISTORY

EPISODE.01

パクチーの花束

パクチーといえば、好き、嫌いがはっきり分かれる食材の代表格ですよね。好きな人は熱狂的に大好きだし、嫌いな人は匂いをかぐだけでもダメ……。だからなのか、よく「どうしてパクチー料理研究家になったの?」という質問を受けます。

冒頭でもお伝えしたとおり、僕とパクチーとの出会いは、20歳のころにタイ料理店で食べたのが最初でした。その後、料理にかかわる仕事がしたくて、飲食店を展開する会社に就職。店舗運営や店舗開発などの仕事に携わっていました。自分では気づいていませんでしたが、当時からお客様にパクチーのトッピングをおすすめしまくったり、まかないでパクチー料理を作ったりと、僕の“パクチー好き”はあふれんばかりだったようです。その証拠に退職する際に同僚たちが贈ってくれたのは、なんとパクチーの花束でした。

料理家になるべく退職したあとは、アジアの料理を知りたいという漠然とした思いのもと、ベトナムに長旅に出ることに。そこで出会ったのが、さまざまな香草を使った料理の数々でした。なかでも、パクチーが練り込まれた肉だんごやパクチーの根が入ったスープは非常に印象的で、その調理法の奥行きやおいしさにびっくり! あらためてパクチーに衝撃を受けるも、まだこのときはパクチーが僕の運命を大きく変える存在になるとは、知るよしもありませんでした。

(つづく)

MENU 08

根・種

葉や茎にはない根っこのふくよかな風味、ほのかに甘く爽やかな種の風味。太いパクチーの根が手に入ったら、ぜひ主役に。種は、こしょうやにんにくの代わりとして使うと新鮮！

＼パクチーの根っこたっぷり！／

四川風マーボー豆腐

RECIPE

材料（2人分）

木綿豆腐 … (小) 1丁 (200g)
豚バラ肉 … 100g
パクチー（根）… 6株分
にんにく（みじん切り）
　… (小) 1かけ (6g)
しょうが（みじん切り）
　… (小) 2かけ (12g)
ねぎ（みじん切り）… 30g
ごま油 … 小さじ2
豆板醤（トーバンジャン）
　… 小さじ2
豆豉（トーチ）… 小さじ1
A｜紹興酒（または酒）
　｜　… 大さじ1
　｜しょうゆ … 大さじ1
　｜甜麺醤（テンメンジャン）
　｜　… 小さじ2
　｜きび糖（または砂糖）
　｜　… 小さじ1
水溶きかたくり粉
　（かたくり粉大さじ1＋水大さじ3）
花椒（ホワジャオ／粒）… 適量

作り方

1. 豆腐はペーパータオルなどで包んで皿などでおもしをし、30分間以上水きりしてスプーンなどで食べやすい大きさにくずす。豚肉は適当な大きさに切ってから包丁でたたいてひき肉にする。豆豉はみじん切りにする。

2. フライパンにごま油を弱火で熱し、にんにく、しょうが、パクチーを炒める。にんにくの香りがたったら豆板醤を加え、1分間ほど炒める。

3. **1**の豚肉、豆豉を加え、中火にして肉がそぼろ状になるまで炒め、ねぎを加えてサッと混ぜる。

4. Aと水カップ¾（分量外）を加えてしっかり混ぜる。**1**の豆腐を加え、ひと煮立ちしたら水溶きかたくり粉を少しずつ加えてとろみをつける。

5. 器に盛り、ミルでひいた（またはすりこ木でつぶした）花椒を散らす。

◎好みで仕上げにごま油、ラー油で香りづけしても。

パクチーの根を
丸ごと入れて、
歯ごたえと風味を楽しんで。

パクチーの根っこのクミン焼き

エジプト生まれの
クミンで香りづけした、
エキゾチックな一品。

RECIPE

材料（作りやすい分量）

パクチー（根）… 8〜10株分
クミン（シード）… 小さじ1
バター … 15g
塩 … 少々
黒こしょう（粗びき）… 少々

作り方

1. フライパンにバターを弱火で溶かし、クミンを入れて熱する。クミンの周りにフツフツと泡が立ち、香りがたったらパクチーを入れて炒める。

2. 全体に薄く焼き色がついたら、塩、黒こしょうで味を調える。

パクチーの根っこの花《ホワ》椒《ジャオ》フライ

揚げた根っこは、揚げごぼうのような歯ごたえに。

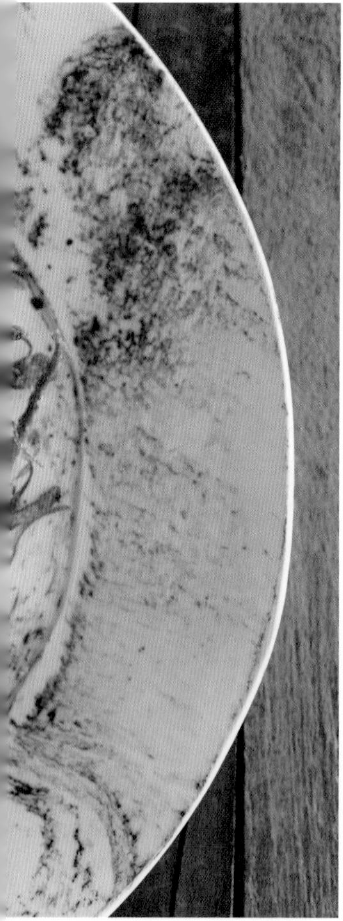

RECIPE

材料（作りやすい分量）

パクチー（根）… 8～10株分
花椒（ホワジャオ／粒）… 5粒
粉とうがらし … 小さじ¼
しょうゆ … 小さじ2
かたくり粉 … 大さじ1
揚げ油 … 適量

作り方

1. パクチーの根にミルでひいた（またはすりこ木でつぶした）花椒、粉とうがらしをふり、しょうゆをからめる。かたくり粉を全体にまぶす。

2. フライパンに2㎝深さほどの揚げ油を入れて中温（170℃）に熱し、**1**を入れて2分間ほど揚げ、揚げバットに上げる。

◎好みでミルでひいた（またはすりこ木でつぶした）花椒少々（分量外）をふっても。

＼ パクチーの根っこと ／

あさりとキャベツのナムプラーバター蒸し

RECIPE

材料（2人分）

あさり（砂抜きしたもの）… 200g
キャベツ … 200g
パクチー（根）… 8株分
にんにく（薄切り）…（小）1かけ（6g）
オリーブ油 … 小さじ2
酒 … 大さじ2
バター … 10g
ナムプラー … 小さじ2
塩 … 少々

作り方

1. あさりは殻をこすり合わせて洗う。キャベツは一口大に切る。

2. 鍋にオリーブ油を弱火で熱し、パクチー、にんにくを炒める。にんにくの香りがたったらあさりを加えて中火にし、酒をふってふたをして蒸し煮にする。

3. あさりの口があいたらキャベツ、バターを加え、再びふたをしてキャベツがしんなりするまで蒸し煮にする。

4. 最後にナムプラーを回しかけ、塩で味を調える。

種で

コリアンダーシードの
レモンポテサラ

爽やかな
種の芳香で、
大人のポテサラに。

RECIPE

材料（2人分）

じゃがいも … 3コ（300g）
ベーコン（塊）… 60g
紫たまねぎ … 1/4コ（50g）
酢 … 小さじ1
オリーブ油 … 小さじ2
マヨネーズ … 大さじ2
レモン汁 … 小さじ2
コリアンダー（シード）
… 大さじ1

作り方

1. じゃがいもは皮をむいて芽を取り除く。ベーコンは5㎜角に切る。紫たまねぎはみじん切りにし、水に3分間ほどさらして水けをきる。

2. 鍋にたっぷりの水を入れて塩少々（分量外）を加え、じゃがいもを入れて弱火でゆでる。竹串がスッと通ったらざるに上げてゆで汁を捨てる。あいた鍋にじゃがいもを戻し入れ、中火にかけて軽く揺する。粉ふき状になったら火を止め、酢を回しかける。温かいうちに木べらでつぶし、粗熱がとれるまでおく。

3. フライパンにオリーブ油を中火で熱し、ベーコンを炒めて火を通す。

4. **2**に**3**、紫たまねぎ、マヨネーズ、レモン汁、ミルでひいた（またはすりこ木でつぶした）コリアンダーシードを加え、混ぜ合わせる。

◎食べるとき、好みでさらにレモン汁（分量外）を搾りかけても。

種で

コリアンダーシードの ハニータンドリーチキン

RECIPE

材料（作りやすい分量）

鶏もも肉 … 1枚（250g）
はちみつ … 小さじ2
にんにく（すりおろす）
… （小）2かけ（12g）

A
- プレーンヨーグルト（無糖） … 大さじ3
- トマトケチャップ … 大さじ1
- コリアンダー（シード） … 小さじ2
- カレー粉 … 小さじ1
- クミン（パウダー） … 小さじ½
- 塩 … 少々
- 黒こしょう（粗びき） … 少々

オリーブ油 … 大さじ1

作り方

1. 鶏肉は一口大に切ってボウルに入れ、はちみつ、にんにくを加えてもみ込み、20分間ほどおいてなじませる。

2. コリアンダーシードはミルでひき（またはすりこ木でつぶし）、残りのAとともにボウルで混ぜ合わせる。**1**の鶏肉を加えてもみ、冷蔵庫で1時間以上漬ける（一晩おいてもよい）。

3. フライパンにオリーブ油を中火で熱し、鶏肉の皮を下にして並べ入れる。こんがりと焼き色がついたら上下を返してふたをし、弱火にして4分間ほど蒸し焼きにする。

◎好みでパクチーの茎、葉適量を2㎝長さに切って添えても。

付け合わせにも
そのままおつまみにも。

コリアンダーシード香る
野菜ピクルス（112ページ）

まろやかなコクの中で
スパイスが
混然一体となった、
味わい深い一品。

種で

コリアンダーシード香る 野菜ピクルス

RECIPE

材料（作りやすい分量）

セロリ … 1本（100g）
きゅうり … 1本（100g）
パプリカ（赤）… 1コ（150g）
ピクルス液
　りんご酢 … カップ2
　水 … カップ½
　きび糖 … 大さじ4
　コリアンダー（シード）
　　… 20粒
　ローリエ … 2枚
　赤とうがらし … 1本

作り方

1. セロリ、きゅうりは拍子木切りにする。パプリカはヘタと種を取って、縦に細切りにする。

2. 鍋にたっぷりの湯を沸かして塩少々（分量外）を入れ、**1**の野菜を30秒間ほどゆで、ざるに上げて水けをきる。

3. 鍋にピクルス液の材料を合わせて弱火にかける。きび糖が溶けたら火を止めて冷ます。

4. 清潔な保存瓶に**2**、**3**を入れ、冷蔵庫で1日以上漬ける。

※保存容器に入れ、冷蔵庫で5～6日間保存可能。

僕の PHAKCHI HISTORY

EPISODE.02

「パクチー料理研究家」は運命！

ベトナムの旅から帰国した僕は、「料理研究家になってレシピ本を出す」という夢をかなえるべく、活動を始めました。このときはまだパクチー料理をメインにしてはおらず、「サクッと作れる男子ごはん」を提案していました。

そうして１年以上が過ぎるもなかなか開花できず、途方に暮れる日々……。「自分が本当に好きなことってなんだろう」と原点に立ち返り、とことん考える中で何度も思い浮かんだのが、会社員時代にまかないでパクチー料理ばかり作って楽しんでいたことや、ベトナムでさまざまなパクチー料理に触れてワクワクしたことでした。そして、あ、パクチーなんだ！　パクチー料理こそ自分がやりたい料理、人にすすめたい料理なんじゃないかと気がついたんです。

当時、日本ではまだ、パクチーはマイナーな存在でした。しかしパクチーに大いなる可能性を感じた僕は、すぐに行動を開始。「パクチー料理研究家」としてSNSでパクチー料理の発信を始めました。その矢先、ちょうど起こったパクチーブーム！　なんというめぐり合わせのよさ！　運もよかったんだと思います。コツコツと続けてきたインスタグラムでの発信も功を奏しました。こうして好きなことを追求したことで、僕の人生は大きく好転したのです。

今では大好きなパクチー料理の仕事に携われていること、パクチーを原点に料理の仕事がさまざまに広げられたこと、出会いに満ちていることに、日々、幸せを感じています。

PHAKCHI
Q & A
SPECIAL

Q. パクチーが大好き！ もっともっとパクチーを日々に取り入れたいんですが……

ANSWER

アレンジは自由自在！

僕自身、ふだんからいろいろなものにパクチーを合わせて楽しんでいます。お気に入りの調味料に入れてみたり、意外なところではアイスクリームと合わせてみたり……。ここでは、パクチーが食べたいと思ったときにすぐに試せる、ごく簡単でおすすめの、お手軽アレンジレシピをご紹介しましょう。

食事のおとも

パクチーポン酢

RECIPE 01

材料（作りやすい分量）

パクチー（葉・茎）… 1株分
ポン酢しょうゆ（市販）
… 大さじ3

作り方

パクチーの葉と茎はみじん切りにし、ポン酢しょうゆに入れ、なじませる。

MEMO

柑橘系とパクチーは相性抜群！　ゆずポン酢やレモンポン酢でもおいしい。冷ややっこなどのふだんの料理が、簡単にごちそうに。

スイーツ

パクチーアイス

RECIPE 02

材料（作りやすい分量）

パクチー（葉）… 適量
バニラアイス（市販）… 適量

作り方

細かく刻んだパクチーをバニラアイスに混ぜ込み、再度、冷凍庫で冷やし固める。

MEMO

パクチーが加わることで清涼感がプラスされ、いっそうさっぱりしたデザートに！

ドリンク

パクチージンジャーエール

RECIPE 03

材料（作りやすい分量）

パクチー（葉）… 適量
ジンジャーエール（辛口）
… 200㎖

作り方

氷を入れたグラスにジンジャーエールを注ぎ、パクチーの葉を飾る。

MEMO

ジンジャーエールは辛口のものがおすすめ。パクチーとの相乗効果で風味が増します。

もっともっと
パクチー

日本のパクチー事情

HEIAN

平安時代

平安時代の辞書に登場!

じつは平安時代以前に中国から日本に入っています。中国名は「胡荽」で、平安時代中期に編さんされた辞書『倭名類聚鈔《わみょうるいじゅしょう》』には、その和名として「古仁之《こにし》」が記載されています。当時は、薬味や薬として用いられたと考えられています。

EDO

江戸時代

ポルトガルから再び

平安期以降、パクチーは日本から姿を消していたと見られますが、江戸時代初期から再び文献に名を現します。ポルトガルから渡来したと考えられ、ポルトガル語の「coentro (コエントロ)」から転化して「コエンドロ」と呼ばれていました。江戸初期の料理書『料理塩梅集《あんばいしゅう》』には、魚を酢でしめる料理に「コエンドロ」の粉末が使われています。ただ、この時代も広く普及することはなかったようです。

近年のブームもあり、日本ではニューフェイスのように扱われているパクチー。はたしてどんな歴史があるのでしょう。

MEIJI

明治時代

スパイスとして使われ始める

洋食が日本に広まった明治時代後期、スパイスとして、種の部分であるコリアンダーシードが使われるようになります。特にカレーなどに入れることが増え、「コエンドロ」の名で国内でも知られるようになります。しかし、スパイスとして種だけが利用され、葉や茎の食習慣が広まることはありませんでした。

GENDAI

現代

エスニックブームから定着へ!?

1990年代にエスニック料理ブームが起こり、タイ料理店などが次々にオープンします。しかし、当時はパクチー1株当たり500円以上など高値だったことと、日本人はパクチーが嫌いだとのイメージがあったことから、パクチーを省いた料理を出す店もありました。しかし2000年代以降は、ブームも起こり、一般のスーパーマーケットでも入手しやすくなりました。

そして現在!
パクチー愛好者、日本でも急増中♪

もっともっと
パクチー

パクチー生産のヒミツ

ワイルドで力強い味から、
繊細な味まで。
味は品種と作り手しだい

パクチーは季節によって
味が異なります。
とくにおいしいのは、
じつは秋！

タネまき

ポットなどでタネから苗を育てて、畑に定植する方法（育苗）と、タネを畑に直にまく方法（直まき、写真）があります。後者が、より太くしっかりした根を伸ばせる栽培法です。

発芽

発芽までに暖期で5～7日、寒期だと10～20日ほどかかります。直まきの適期は3～9月ごろ。11～2月は発芽が難しいので、育苗にすることが多いようです。

近年、国産パクチーの質と量を着実にアップさせている生産農家の人々。現場の様子をのぞいてみました。

生育

パクチーにとって、日本の夏の強い日ざしと高温は大敵。葉が薄く弱くなりやすいので、半日陰で管理する場合も。春や秋は厚みがあって張りのある葉に育ちます。

収穫

季節によって異なりますが、タネをまいてから収穫するまでの日数は35〜50日。収穫サイズは20〜25㎝。根がしっかりしているので、土から引き抜くのは重労働です。

耳寄りコメント

from 農家さん

「根を落としての出荷が求められることが多いですが、じつは根もおいしいので、もっとそのことが広まればうれしいです」

⇒根のレシピは、100ページ〜

from 種苗メーカーさん

「マイルドな香りの品種や、栽培の難しい夏でも育つ品種を育成しています」

⇒家庭での栽培方法は、120ページ〜

パクチー

おうちで育てちゃおう!

摘みたては新鮮! キッチンガーデンに、ぜひパクチーも。
初心者さんにも育てられる、栽培ハウツーをお伝えします。

パクチーは
一年草だから
毎年タネまき

栽培データ

生育適温:18～25°C
発芽適温:20～25°C
開花期:5～8月(一年草)
病害虫:アブラムシ、キアゲハの幼虫、ハダニなど(春まきの場合)

栽培カレンダー

中間地 *

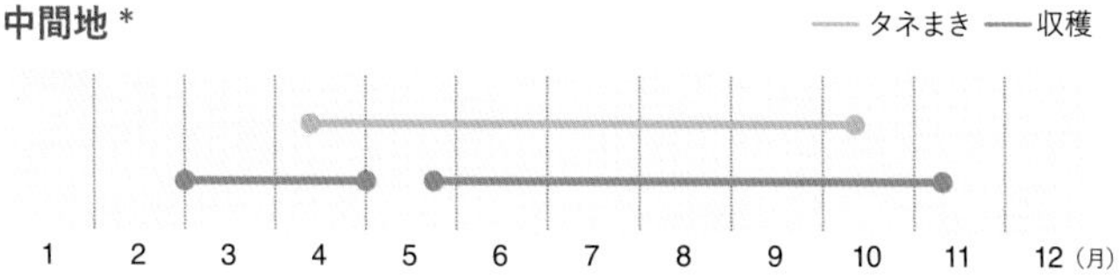

*ここでは、福井県、関東甲信、東海、近畿、中国、九州北部を中間地としています。
寒冷地(北海道、東北、新潟県、富山県、石川県)と高冷地なら、タネまきは5月中旬～8月中旬、収穫は7月下旬～10月中旬。暖地(四国、九州南部、沖縄県)なら、タネまきは4月上旬～10月中旬、収穫は5月中旬～11月中旬、3月上旬～4月下旬。

 写真提供/北村文枝、阪口 克、鈴木正美、谷山真一郎

栽培監修
深町貴子

園芸家。NHK「あさイチ」の『グリーンスタイル』コーナーや「趣味の園芸 やさいの時間」などに出演。

さあ、育てよう

タネからプランターで育てる方法を、紹介します。
収穫までは45～60日ほどです。

用意するもの

・パクチーのタネ
・野菜用培養土（肥料入り）
・プランター＊
・割り箸
・はす口付きのじょうろ
・液体肥料

＊深さが20㎝程度あると、根がしっかり伸びてよい。

STEP: 1　タネをまく

❶ 縁から2㎝下まで土を入れて平らにならす。水で十分に土を湿らせてから、割り箸を土に押し当て、深さ1㎝のまき溝を2本作る（間隔8～10㎝）。

❷ 1.5～2㎝間隔で、タネを溝にまく（条《すじ》まき）。タネに見えるのは、じつは果実。1粒にタネは2個あり、2本ずつ発芽する。

❸ まき溝の両側の土をつまむように寄せ、厚さ1㎝ほど土をかぶせる。割り箸で土の表面を平らにならす。まいたタネが流れないよう、はす口付きじょうろで、土の表面をしっとりとぬらす程度に、やさしく水やりする。

STEP: 2 育てる

株の間隔を
あければ、
しっかり育つ!

❶ 間引き

発芽までは水を切らさない。タネまきの1週間～10日後、双葉が完全に開いたら、隣の株の葉と触れ合わない程度に間引く(株間が2㎝ほどになる)。間引いた株も、間引き菜として味わえる。

❷ 追肥

タネまきの1か月後から、2週間に1回、水で規定倍率に薄めた液体肥料を、水やり代わりに施す。

若くて
フレッシュな
香りが魅力

❸ 間引きながら収穫

タネまきの約45日後、本葉が4～5枚になったら、株間(最終株間)が4～5㎝になるように間引く。間引いた株も味わえる。この間引きから収穫開始。

STEP: 3　収穫を楽しむ

草丈が15cm
になったら、
収穫適期♪

ハサミで

外側を切って収穫すると、中心から新しい葉が出てくるので、長く収穫できる。切るときは、葉がついている軸（葉柄）のつけ根から（軸を残して葉だけを摘むと、新しい葉が出にくくなる）。

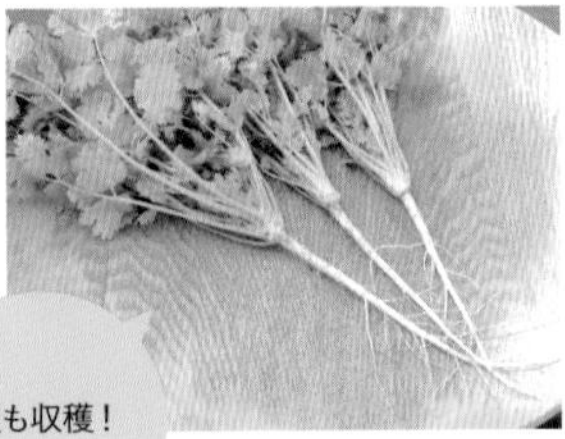

根も収穫！

引き抜いて

深さ20cm以上のプランターなら、大株に挑戦できる。株ごと引き抜いて、根まで楽しもう。

TOPICS

実も楽しもう！

初夏に花が咲く。花が咲いたら、実もタネも満喫しよう。

完熟前の若い緑色の実。実ざんしょうのような爽やかさがあり、薬味にぴったり。

完熟した茶色の実。乾燥しているものは、そのままスパイスに。冷暗所で保管すれば、翌シーズンのタネにも。

栽培のポイント

ちょっとしたコツをお伝えします。

☑ 日当たりのよい場所で

冷涼な気候を好むパクチー。寒さに強くても、暑さは苦手。でも、光は大好き。そのため、真夏のみ半日陰に移動させる。

☑ 水やりは適度に

常に土が湿った状態だと、根が呼吸できず枯れてしまう。水やりは土が乾いてから。与えるときは、プランターの底から抜けるほど、たっぷりと。冬は土が凍らないよう、夏は暑さで水が熱湯にならないよう、いずれも午前中に行う。

☑ 追肥は定期的に

培養土に含まれる肥料分は水やりのたびに流出するので、液体肥料を定期的に施す。肥料切れを起こすと育ちが悪くなり、ひどい場合には葉が黄色くなり、枯れてしまう。秋まきの場合、寒さで成長が止まったら、追肥はストップ。春、新芽が出てきたら再開する。

☑ 置き場所に配慮を

風通しのよい場所で育てる。風が通らないと病害虫が発生しやすく、育ちも悪くなる。エアコンの室外機の周囲に置くと、室外機の熱風が直接当たって葉が傷んで枯れることもあるので避ける。

少量をすぐに収穫したいなら！

苗からでも OK！

市販の苗を植えて育てる方法もあります。

- 植えつけ後、1週間～10日で収穫を始められるのが魅力。
- 春～初夏と秋に出回る。時期によっては入手できないことも。
- 根が分かれてまっすぐ育たないので、根の収穫には不向き。

STEP: 1　苗を選ぶ

葉の色が濃い／ヒョロヒョロしていない／しっかりとした根が底穴から少し見える／花芽ができていない（春～初夏の場合）苗を。

STEP: 2　植え替え先を用意する

深さ20㎝ほどの7号（直径21㎝）鉢がおすすめ。2株以上植えるなら、株の間隔を20㎝ほどとって、横長のプランターに。

STEP: 3　植えつける

鉢の深さ⅔ぐらいまで土を入れ、中央に苗を土ごと置く。苗の周りに土を足し入れ、株元まで土を入れたら、手で土を軽く押さえる。植え終えたら、鉢底から水が出るまでたっぷり水やりする。

以降は、タネまきからの栽培と同様。植えつけ1か月後から2週間に1回追肥すれば、長く収穫できる。

CONCLUSION

僕は日々、パクチーを料理して食べていますが、まったく飽きることがありません。パクチーの醍醐味《だいごみ》は、主張の強い独特の香りを持っているのに、不思議といろいろな食材とマッチする、その親和性の高さにあると思っています。

数あるレシピの中でも、とくにおすすめなのは、納豆、ひじき、梅干しなどの和の食材とパクチーを組み合わせたものです。最初は「えっ?」と思うような意外な組み合わせほど、食べてみるとクセになってしまうのです。キムチなど韓国系の辛い食材などともよく合いますよ。ぜひみなさんも、本書で紹介しているレシピを参考にしながら、パクチーの新たな魅力や楽しみ方を見つけてみてください。

そして最後に。僕は、料理をすること、食べることももちろん好きですが、何より料理を囲むことで生まれる「つながり」を愛しています。本書でご提案したパクチー料理が、パクチーを愛する方々の心に届き、そこからさらなる「つながり」が生み出されるきっかけとなれば幸いです。

エダジュン

パクチー料理研究家、管理栄養士。飲食関連企業での店舗勤務、本社勤務を経て、2013年に料理研究家として独立。愛するパクチーを究めるべく、書籍、雑誌、企業の商品開発などでさまざまに活動。『クセになる! パクチーレシピブック』『エスニックつくりおき』(ともにPARCO出版)、『野菜たっぷり具だくさんの主役パスタ150』(誠文堂新光社)ほか著書多数。

STAFF

栽培監修　深町貴子

アートディレクション　北田進吾
本文デザイン　堀 由佳里
山田香織、畠中脩大（キタダデザイン）
撮影　木村 拓（東京料理写真）
スタイリング　阿部まゆこ
調理アシスタント　関沢愛美
イラスト　堀 由佳里
校正　ケイズオフィス
DTP　ドルフィン
協力　保田さえ子、北村文枝、野村慶子
進行アシスタント　丸山秀子
編集　鴨志田倫子、保坂恵理子（NHK出版）

取材協力　株式会社菜彩ファーム、トキタ種苗株式会社（p118～119）
佐谷 恭（p11、116～117）
協力　NHKエデュケーショナル

NHKまる得マガジンプチ

もっともっと ふだんづかい

パクチーまるごとレシピ

2020年6月20日　第1刷発行

著者　エダジュン

発行者　森永公紀
発行所　NHK出版
〒150-8081　東京都渋谷区宇田川町41-1
電話　0570-002-140（編集）
0570-000-321（注文）
ホームページ　http://www.nhk-book.co.jp
振替　00110-1-49701
印刷　廣済堂
製本　ブックアート

Printed in Japan
ISBN978-4-14-033309-9　C2077